CONOCE LA HISTORIA DE ESTADOS UNIDOS

# LA GRAN SEQUÍA DE LOS AÑOS 30

MARIE ROESSER

TRADUCIDO POR ALBERTO JIMÉNEZ

Gareth Stevens PUBLISHING

**Please visit our website, www.garethstevens.com. For a free color catalog of all our high-quality books, call toll free 1-800-542-2595 or fax 1-877-542-2596.**

**Library of Congress Cataloging-in-Publication Data**

Names: Roesser, Marie, author.
Title: La gran sequía de los años 30 / Marie Roesser.
Description: New York : Gareth Stevens Publishing, 2020. | Series: Conoce la historia de Estados Unidos | Includes index.
Identifiers: LCCN 2019010260| ISBN 9781538250389 (pbk.) | ISBN 9781538250402 (library bound) | ISBN 9781538250396 (6 pack)
Subjects: LCSH: Dust storms--Great Plains--History--20th century--Juvenile literature. | Great Plains--Social conditions--Juvenile literature. | Depressions--1929--Great Plains--Juvenile literature. | Agriculture--Great Plains--History--20th century--Juvenile literature. | Droughts--Great Plains--History--20th century--Juvenile literature. | Dust Bowl Era, 1931-1939--Juvenile literature.
Classification: LCC F595 .R695 2020 | DDC 978/.032--dc23
LC record available at https://lccn.loc.gov/2019010260

First Edition

Published in 2020 by
**Gareth Stevens Publishing**
111 East 14th Street, Suite 349
New York, NY 10003



Translator: Alberto Jiménez
Editor, Spanish: Rossana Zuñiga
Editor: Therese Shea

Photo credits: Series art Christophe BOISSON/Shutterstock.com; (feather quill) Galushko Sergey/Shutterstock.com; (parchment) mollicart-design/Shutterstock.com; cover, p. 1 NOAA George E. Marsh Album, theb1365, Historic C&GS Collection/Wikimedia; p. 5 Photoonlife/Shutterstock.com; p. 7 Bettmann/Getty Images; p. 9 U.S. National Archives and Records Administration/Wikimedia; p. 11 Everett Historical/Shutterstock.com; p. 13 PhotoQuest/Archive Photos /Getty Images; p. 15 Arthur Rothstein/Wikimedia; pp. 17, 21, 25 Universal History Archive/Universal Images Group/Getty Images; p. 19 Courtesy of the Library of Congress; p. 23 FPG/Hulton Archive/Getty Images; p. 27 Dorothea Lange/Hulton Archive/ Getty Images; p. 29 iko/Shutterstock.com.



Printed in the United States of America



CPSIA compliance information: Batch #CW20GS: For further information contact Gareth Stevens, New York, New York at 1-800-542-2595.

# CONTENIDO



Las palabras del glosario se muestran en **negrita** la primera vez que aparecen en el texto.

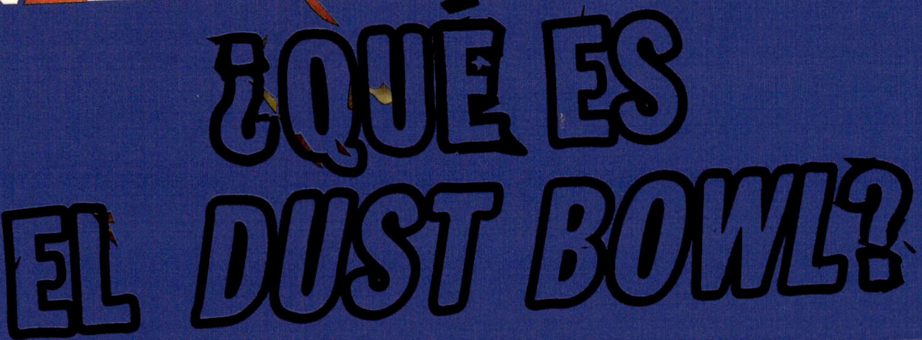

# ¿QUÉ ES EL *DUST BOWL*?

El *Dust Bowl* (Cuenco de Polvo) fue un lugar en las Grandes Llanuras de Estados Unidos, en los años treinta. Fue un fértil territorio de pastizales que se transformó en un terreno **baldío** debido a las grandes **sequías** que afectaron esta zona. Sigue leyendo para saber qué pasó y cómo afectó a quienes lo sufrieron.

## SI QUIERES SABER MÁS

Las grandes sequías golpearon con más fuerza ciertas partes de Colorado, Kansas, Texas, Nuevo México y Oklahoma, pero afectó a muchos más estados.

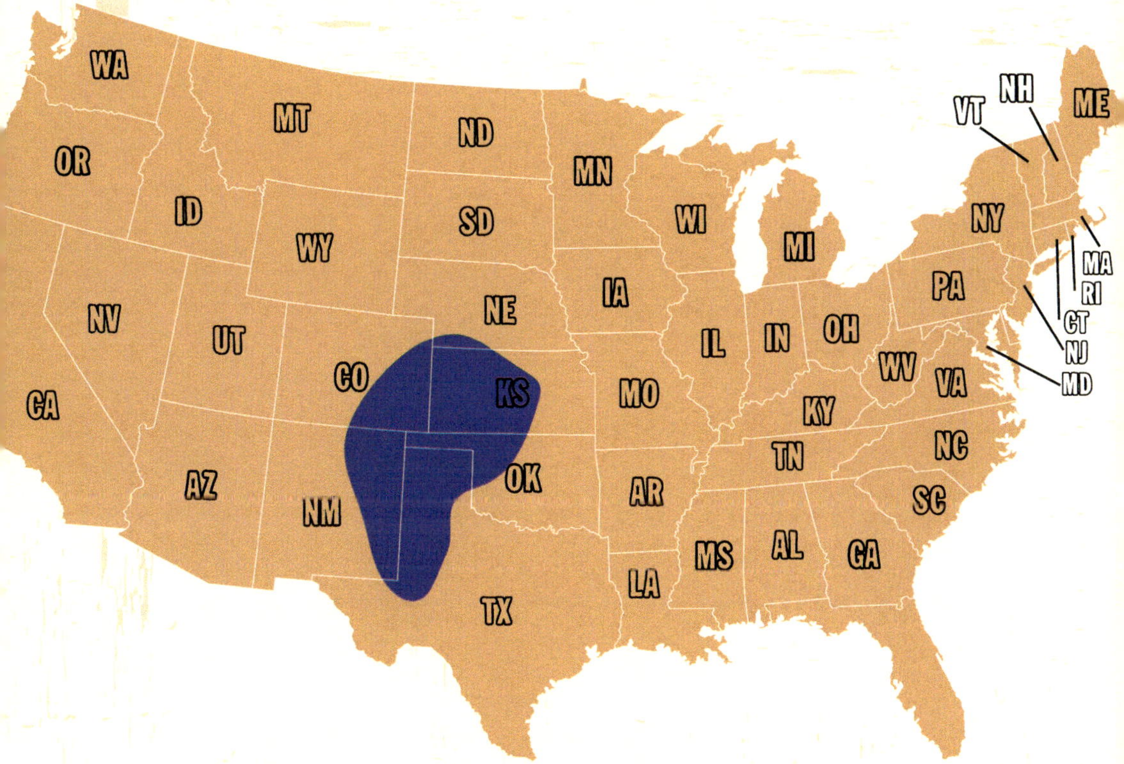

WA OR CA ID NV MT WY UT AZ ND SD NE CO KS NM OK TX MN IA MO AR LA WI IL MI IN OH KY TN MS AL GA SC NC VA WV PA NY VT NH ME MA RI CT NJ MD

ZONA MÁS AFECTADA POR LA GRAN SEQUÍA

# LIMPIAR LA TIERRA

A mediados del siglo XIX el Gobierno de Estados Unidos pidió a la población que se estableciera en las Grandes Llanuras. Los granjeros utilizaron los pastizales existentes para el ganado y otros limpiaron la tierra para cultivarla. A principios del siglo XX la **demanda** de trigo se disparó y la limpieza del suelo también.

## SI QUIERES SABER MÁS

La Primera Guerra Mundial (1914-1918) fue una de las razones del aumento de la demanda de trigo. Los soldados que luchaban en el extranjero necesitaban pan.

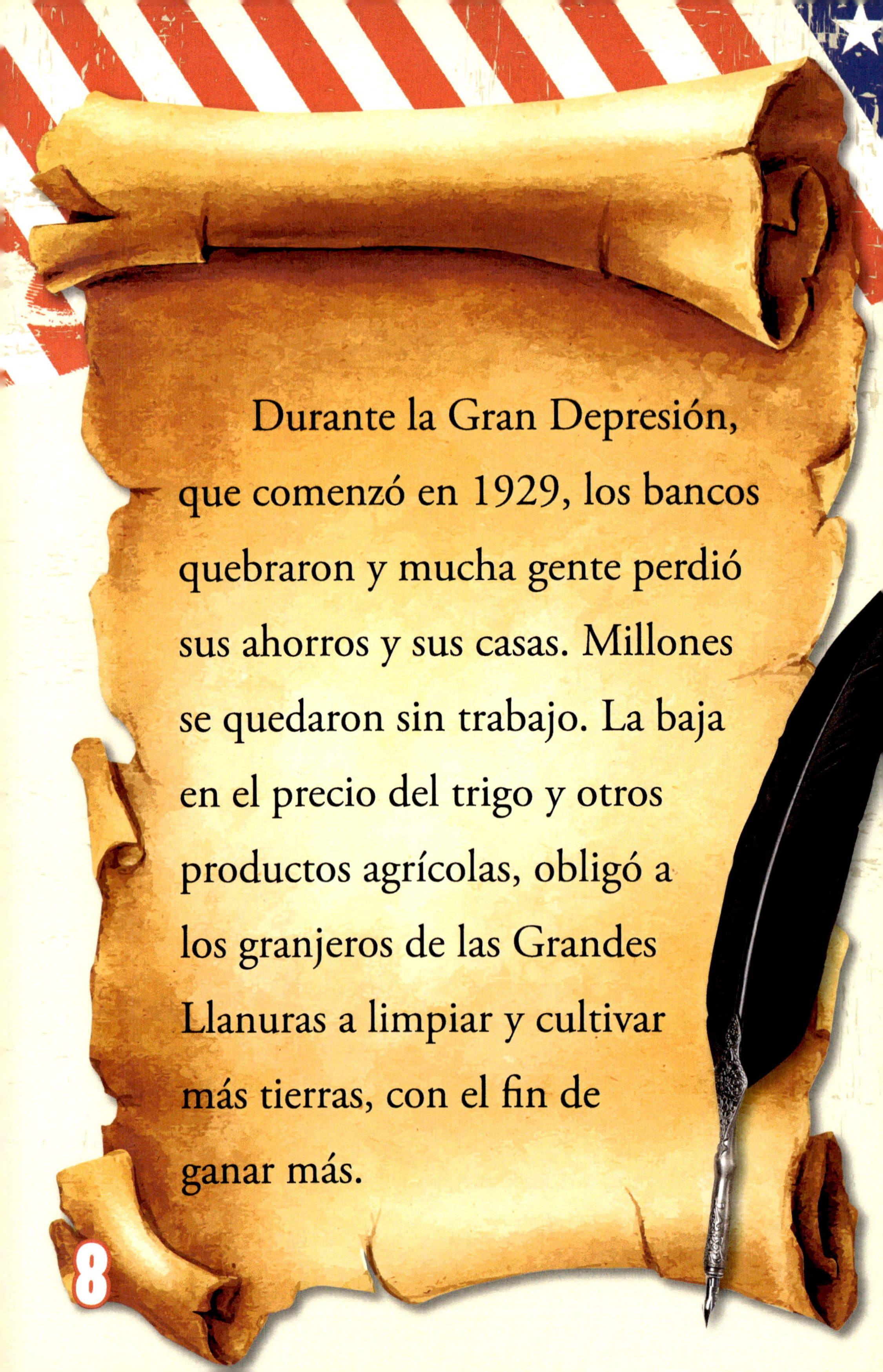

Durante la Gran Depresión, que comenzó en 1929, los bancos quebraron y mucha gente perdió sus ahorros y sus casas. Millones se quedaron sin trabajo. La baja en el precio del trigo y otros productos agrícolas, obligó a los granjeros de las Grandes Llanuras a limpiar y cultivar más tierras, con el fin de ganar más.

## SI QUIERES SABER MÁS

La Gran Depresión se prolongó hasta que Estados Unidos entró en la Segunda Guerra Mundial, en 1941. La guerra creó muchos puestos de trabajo.

# LA GRAN SEQUÍA

En la década de 1930, las Grandes Llanuras fueron afectadas por una gran sequía. Un gran periodo sin lluvias, de 1932 a 1939, resecó el suelo y provocó la pérdida de cosechas. Se había limpiado tantos pastizales que no había suficiente vegetación para evitar la dispersión del terreno seco.

## SI QUIERES SABER MÁS

Las raíces de las plantas mantienen el suelo en su lugar y retienen el agua.

# VENTISCAS NEGRAS

Los vientos que **azotaban** las Grandes Llanuras, recogían la tierra suelta de las zonas cultivadas y resecas. Las tormentas de viento, llamadas "**ventiscas** negras" por el polvo y la arena contenidos en el aire, bloqueaban la luz del sol, a veces durante días, y llevaban el polvo hasta la Costa Este.

## SI QUIERES SABER MÁS

El viento llevaba tanto polvo que la gente sufría dolores en el pecho y problemas respiratorios. Centenares, tal vez miles, murieron.

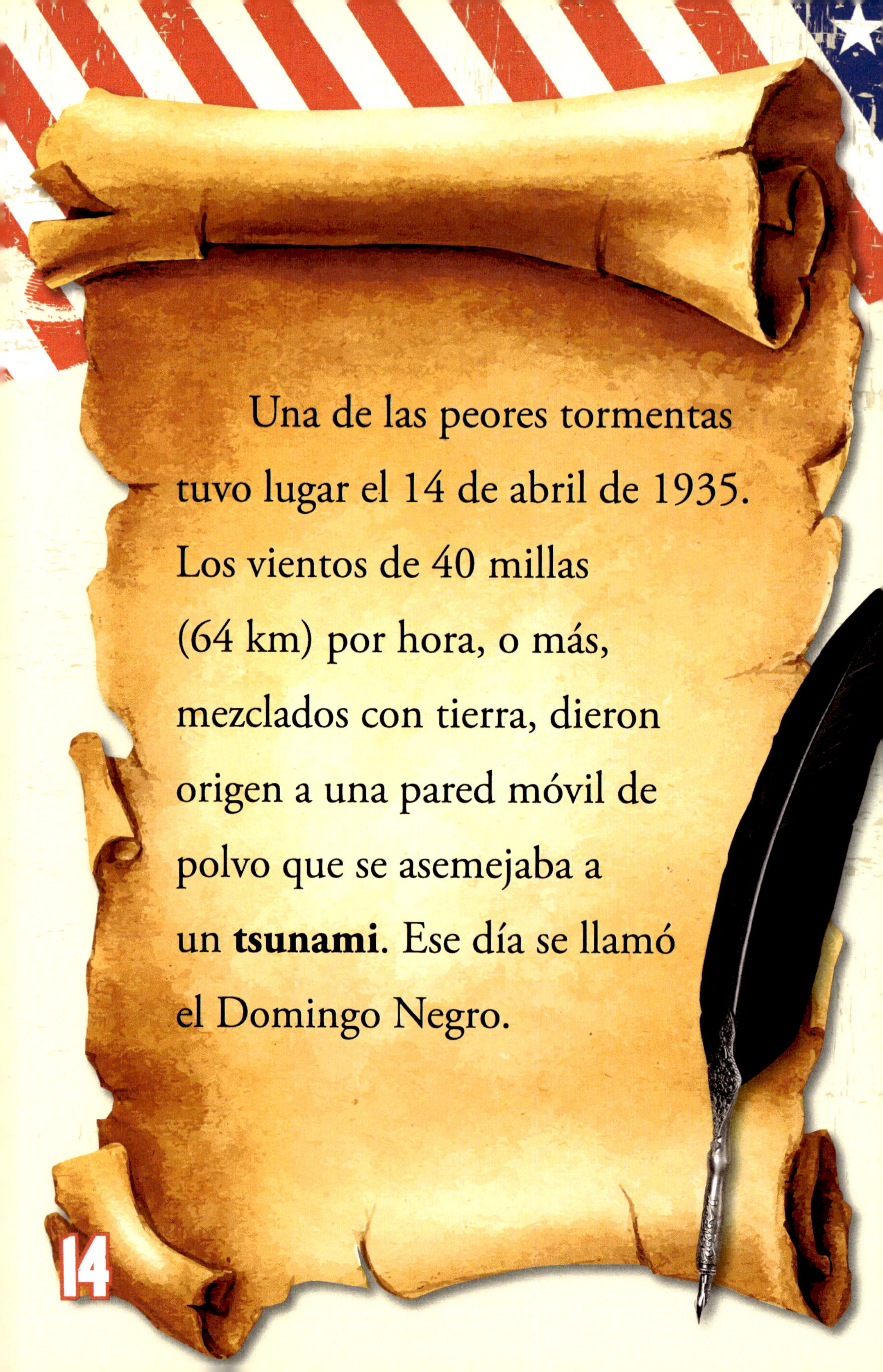

Una de las peores tormentas tuvo lugar el 14 de abril de 1935. Los vientos de 40 millas (64 km) por hora, o más, mezclados con tierra, dieron origen a una pared móvil de polvo que se asemejaba a un **tsunami**. Ese día se llamó el Domingo Negro.

## SI QUIERES SABER MÁS

El reportero que escribió sobre esta terrible tormenta decía que empezó en el "cuenco de polvo". De ahí viene la frase con que se describe tanto el fenómeno como la zona afectada por el mismo.

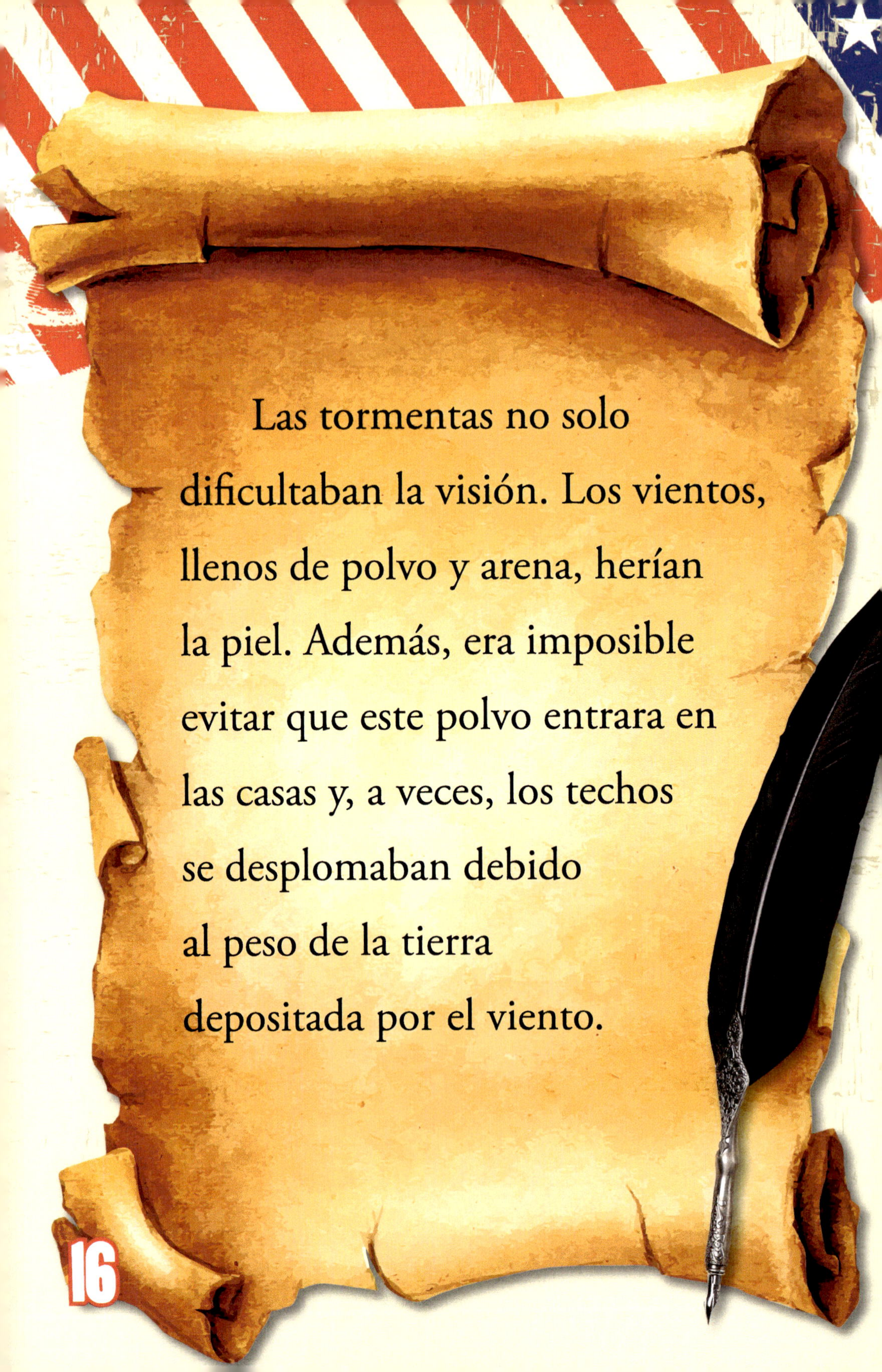

Las tormentas no solo dificultaban la visión. Los vientos, llenos de polvo y arena, herían la piel. Además, era imposible evitar que este polvo entrara en las casas y, a veces, los techos se desplomaban debido al peso de la tierra depositada por el viento.

## SI QUIERES SABER MÁS

Algunos nombraron a esta etapa de sequías como "los sucios años treinta".

# MIGRANTES EN MARCHA

Finalmente, los granjeros del “Cuenco de Polvo” se dieron por vencidos. Necesitaban comida y dinero. En 1940, alrededor de 2.5 millones se habían marchado. La mayoría se dirigió al oeste en busca de trabajo. Sin embargo, con la Gran Depresión en marcha, encontrar trabajo era muy difícil.

## SI QUIERES SABER MÁS

La **fotógrafa** Dorothea Lange capturó imágenes estremecedoras durante la gran sequía y la Gran Depresión, como esta famosa foto.

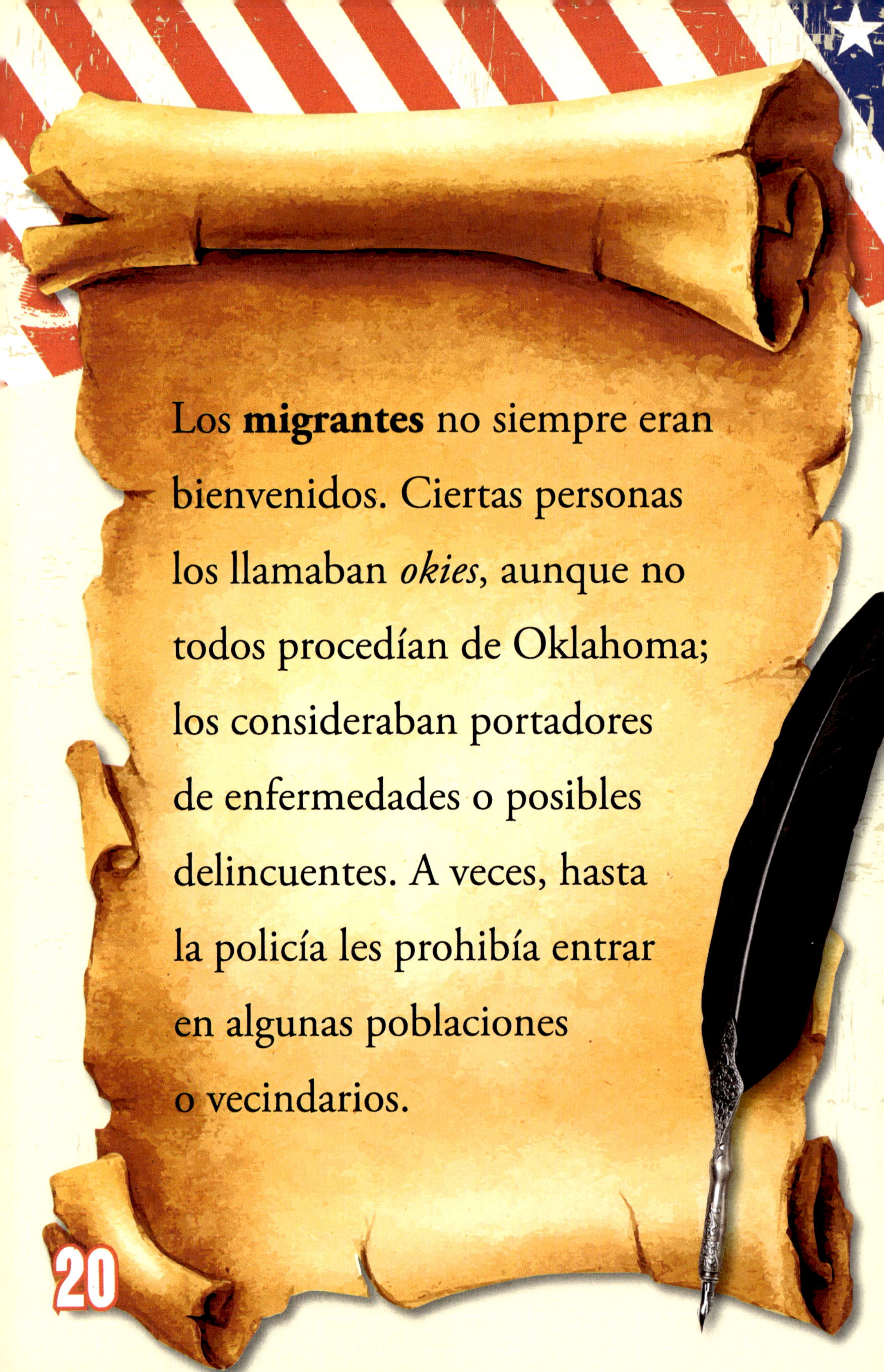

Los **migrantes** no siempre eran bienvenidos. Ciertas personas los llamaban *okies*, aunque no todos procedían de Oklahoma; los consideraban portadores de enfermedades o posibles delincuentes. A veces, hasta la policía les prohibía entrar en algunas poblaciones o vecindarios.

## SI QUIERES SABER MÁS

Muchos migrantes tuvieron que vivir en tiendas de campaña o casuchas (casas pequeñas y mal construidas) situadas en las afueras de granjas y pueblos.

# A DEFENDERSE

Gracias a Franklin D. Roosevelt, que llegó a la presidencia en 1933, desde 1935 se comenzó a plantar millones de árboles para disminuir la fuerza del viento en las Grandes Llanuras; el Servicio de **Conservación** del Suelo enseñó nuevos métodos de cultivo a los agricultores, a fin de combatir la **erosión** del terreno.

## SI QUIERES SABER MÁS

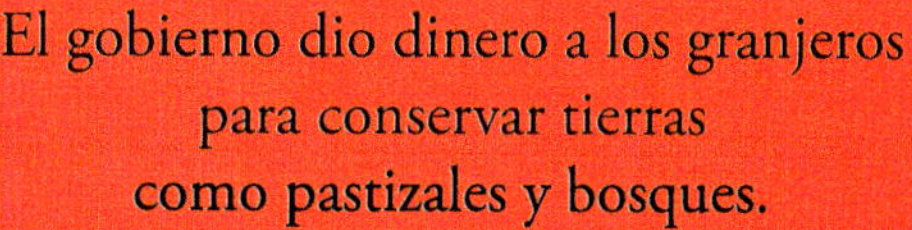

El gobierno dio dinero a los granjeros para conservar tierras como pastizales y bosques.

# LA RECUPERACIÓN

La mejoría empezó con la entrada de Estados Unidos en la Segunda Guerra Mundial, entonces aumentaron los empleos para fabricar equipamiento militar, como barcos y aviones. Muchos migrantes del cuenco de polvo encontraron trabajo en las ciudades. La sequía acabó a finales de 1939 y las granjas se **recuperaron**.

## SI QUIERES SABER MÁS

Se calcula que unos 400 000 afectados por la gran sequía de los años treinta se trasladaron a California.

# RECORDAR EL GRAN DESASTRE

Este periodo se recuerda a través del arte. Ciertos **músicos**, como Woody Guthrie, escribieron canciones sobre este tema. Algunos escritores, como John Steinbeck en su novela *Las uvas de la ira,* retrataron la crudeza de la época. El trabajo de artistas y fotógrafos muestra el dolor que marcó los tiempos de la gran sequía.

## SI QUIERES SABER MÁS

La fotógrafa Dorothea Lange vivió por un tiempo con migrantes de este gran desastre ecológico.

# LECCIONES QUE APRENDER

La gran sequía de los años 30 nos dejó lecciones sobre el cuidado del **medio ambiente**, como el control y la mejora de la actividad agrícola y la Conservación del Suelo. Aunque las Grandes Llanuras han sido afectadas por más sequías desde los años treinta, ninguna ha vuelto a provocar un desastre ecológico de tal magnitud.

## SI QUIERES SABER MÁS

Ayudar a la gente durante la gran sequía costó al gobierno unos mil millones de dólares, lo que hoy en día equivale a más de 18 000 millones de dólares.

# FECHAS CLAVE DE LA GRAN SEQUÍA DE LOS AÑOS 30

**1929**
Se inicia la Gran Depresión.

**1930**
Empieza la primera de las grandes sequías.

**1931**
Comienzan las tormentas llamadas ventiscas negras.

**1933**
Franklin D. Roosevelt se convierte en presidente de Estados Unidos.

**1934**
Con el Proyecto Cinturón Protector y el Proyecto Forestal de los Estados de las Praderas, se plantan árboles en las Grandes Llanuras.

**1935**
Se produce la tormenta de polvo del Domingo Negro. El Servicio de Conservación del Suelo enseña nuevos métodos de cultivo.

**1936**
Dorothea Lange toma la foto *Madre migrante, Nipomo, California*.

**1939**
Se publica la novela *Las uvas de la ira*, de John Steinbeck. Termina la sequía en las Grandes Llanuras: por fin vuelve la lluvia.

**1940**
Alrededor de 2.5 millones de personas abandonaron las Grandes Llanuras.

# GLOSARIO

**azotar:** golpear repetida y violentamente.

**baldío:** terreno con muy poca o ninguna vegetación.

**conservación:** cuidado del mundo natural.

**demanda:** petición, exigencia, solicitud.

**erosión:** desgaste de la superficie terrestre debida a la acción de agentes externos, como el viento, el agua o el hielo.

**fotógrafo:** alguien que se gana la vida tomando fotos.

**medio ambiente:** mundo natural en que viven los animales y las plantas.

**migrante:** persona que se marcha a vivir a otro lugar distinto del suyo habitual, generalmente para buscar trabajo.

**músico:** cantante, compositor o intérprete de música.

**recuperarse:** volver a la normalidad tras un periodo difícil.

**sequía:** periodo sin lluvias de larga duración.

**tsunami:** ola enorme originada por un terremoto o un volcán submarinos.

**ventisca:** viento fuerte; tormenta de viento o de viento y nieve.

# PARA MÁS INFORMACIÓN

## Libros

Blake, Kevin. *Sick Soil: The Dust Bowl.* New York, NY: Bearport Publishing, 2018.

Loh-Hagan, Virginia. *Famine and Dust: Dust Bowl.* Ann Arbor, MI: 45th Parallel Press, 2019.

## Sitios de internet

**La Gran Depresión: el Dust Bowl**
*ducksters.com/history/us_1900s/dust_bowl.php*
Lee más sobre esta difícil época de la historia de Estados Unidos.

**Línea del tiempo: el Dust Bowl**
*pbs.org/wgbh/americanexperience/features/dust-bowl-surviving-dust-bowl/*
Descubre lo que sucedió en cada año de la gran sequía.

**Nota del editor para educadores y padres:** nuestro personal especializado ha revisado cuidadosamente estos sitios de internet para asegurarse de que son apropiados para los estudiantes. Muchos sitios de internet cambian con frecuencia, por lo que no podemos garantizar que posteriores contenidos que se suban a esas páginas cumplan con nuestros estándares de calidad y valor educativo. Tengan presente que se debe supervisar cuidadosamente a los estudiantes siempre que tengan acceso al internet.

# ÍNDICE